Ferdinand Kämpfer

Der ultimative Queen-Kalender

Zum Autor:

Ferdinand Kämpfer wurde die Musik der Band „Queen" bereits als Kind nähergebracht. Nachdem er erstmals das Video zu „A Kind Of Magic" sah, beschloss er, Roger Taylor zu seinem offiziellen Idol zu ernennen und ebenfalls Schlagzeug spielen zu lernen. Dabei ging es ihm in erster Linie um das Drehen des Stocks. Doch auch das Spielen hat sich bis heute erhalten und macht großen Spaß. So entstand im Jahr 2020 der YouTube-Kanal „Fernando Luchador", auf dem Songs von Queen und anderen Bands gecovert werden.

Nach so vielen Jahren kennt Kämpfer die Geschichte der Band nahezu auswendig, weshalb dieses Buch entstand. In diesem sind erstmals alle A-Singles der Band vom „Queen"- bis zum „Made In Heaven"-Album kalendarisch aufgelistet. Die Daten spiegeln das Ersterscheinungsdatum im Vereinigten Königreich wider.

Ferdinand Kämpfer

Der ultimative Queen-Kalender

Bibliographische Information der Deutschen Nationalbibliothek:

Die Deutschen Nationalbibliothek verzeichnet diese Publikation in der Deutschen Nationalbibliographie, detaillierte bibliographische Daten sind im Internet über dnb.dnb.de abrufbar.

TWENTYSIX

Eine Marke der Books on Demand GmbH

© 2021 Ferdinand Kämpfer

Herstellung und Verlag

BoD – Books on Demand, Norderstedt

ISBN: 9783740784331

Gewidmet

Meiner Mutter

Inhalt

Einleitung 1

Januar 2

Februar 12

März 16

April 21

Mai 25

Juni 31

Juli 38

August 42

September 47

Oktober 51

November 64

Dezember 71

Einleitung

Die Band Queen gehört bis heute zu den erfolgreichsten, einflussreichsten und musikalisch bedeutendsten Bands weltweit. Mit Songs wie „Bohemian Rhapsody" oder „Under Pressure" komponierten sie weltweite Hits. Eine große Besonderheit ist, dass jedes der vier Bandmitglieder, der Sänger Freddie Mercury, der Bassist John Deacon, der Gitarrist Brian May und der Schlagzeuger Roger Taylor, einen Single-Hit verfasste.

Auch Sie, liebe Leserinnen und Leser, werden einige der Tracks kennen: „We Are The Champions" von Mercury, „I Want To Break Free" von John Deacon, „We will Rock You" von Brian May oder „A Kind Of Magic" von Roger Taylor. Mit diesem Kalender erfahren Sie mehr über diese und weitere großartige Hits der Band. Viel Spaß beim Schmökern wünscht Ferdinand Kämpfer.

Januar

14./1991

INNUENDO

Die erste Single des letzten und gleichnamigen Queen-Albums mit Freddie Mercury wurde ursprünglich von Freddie Mercury und Roger Taylor geschrieben, unter dem Namen „Queen" veröffentlicht und in Kooperation mit David Richards produziert. Der 6 ½ Minuten Song erinnert in Teilen an Bohemian Rhapsody und es erstaunt, dass er als Single ausgekoppelt wurde.

Das Single-Cover zeigt einen Ausschnitt der Geschichte „Un autre monde" des französischen Künstlers J. J. Grandville – ein Buch, das Roger Taylor auf dem Dachboden fand. Darin besucht der Erzähler ein Konzert, bei dem auch die Posaunen nicht fehlen dürfen. Dieses Konzert wurde als Single-Cover für die Single „The Show Must Go On" verwendet. Wer genau hinsieht, stellt fest, dass die Originalzeichnung anders gestaltet ist. Über den Notenlinien stehen die bekannten lateinischen Begriffe für die Musiker. Rechts wurde jedoch im Vergleich zum Original das Wort „Innuendo" eingefügt. Das Album, die Single und die Videos sind voller versteckter Andeutungen, womit die Übersetzung des Wortes einen Sinn ergibt.

Der Song beginnt mystisch und düster mit einem Trommelwirbel und steigert sich ins Explosive. Später endet der rockige Teil und ein ruhigerer melodischer Teil setzt ein, bevor ein spanisches Gitarrensolo als neues Element hereinbricht. Dieses stammt vom Yes-Gitarristen Steve Howe, der dann von Brian May abgelöst wird und seine Gitarre namens Red Special passend zum Sound den zweiten rockigen Teil einläutet.

Das Musikvideo wurde von Hibbert Ralph und den Torpedo Twins Rudi Dolezal und Hannes Rossacher produziert. Es zeigt das Casino von Montreux, in dessen Mitte ein Kinosaal Bilder und Filmausschnitte aus verschiedenen Jahrhunderten zeigt. Im Teil des spanischen Solos werden Knetfiguren zum Leben erweckt und führen künstlerische Darbietungen auf. Wenn dann Mays Gitarre übernimmt, arbeiten die Produzenten mit einem wichtigen Detail.

Zu sehen ist ein Buch, das zunehmend schneller umgeblättert wird. Dieses Buch ist das Original des französischen

Künstlers J. J. Grandville, der in der Mitte des 19. Jahrhunderts ein Werk namens „Un autre Monde" – „Eine andere Welt" – verfasste und dieses mit kuriosen Zeichnungen versah, die sehr lebendig wirken. Diese werden im Video zum Leben erweckt, bevor die nächste Raffinesse einsetzt. Die Bandmitglieder tauchen dann in der Albumgestaltung auf: John Deacon als Clown, Brian May mit Schlangen auf dem Kopf, Freddie Mercury mit seinen Katzen und Roger Taylor als Cowboyheld in den US-Farben. Seine Illustration ist wiederum an den Jongleur auf dem Album-Cover angelehnt, der auch zu Beginn des Videos auftaucht.

Die Originalfotos, die sich im Album befinden, wurden den „The Miracle"-Aufnahmen entnommen und stammen daher aus den Jahren 1988/89. Auch der Beginn des Videos, der mit einer Klimaanlage aufgenommen wurde, ist Teil von Grandvilles Geschichte. Die Figur namens Hablle reist durch den Weltraum und wird dabei vom Wind angetrieben. Dann landet er auf einer Brücke und sieht, dass von übergroßen Figuren Luftblasen produziert werden. Diese verwandeln sich in Planeten und Erden, sodass er sich dann auf einer Kugellandschaft wiederfindet und einen indischen Jongleur beim Jonglieren dieser Erdkugeln/Planeten zuschaut. Hablle ist der kleine Mann auf dem Album-Cover, der in der Originalgeschichte von einem Feuerkörper geblendet wird, einem sogenannten Aerolithen. Dieser wurde bei Queen in eine Banane verwandelt (Anspielung auf den Bananenbaum in „Slightly Mad").

Das Video zu „Innuendo" (Mercurys Lieblingswort bei Scrabble) wurde vollkommen zurecht mit sämtlichen Auszeichnungen versehen. Unter anderem erhielten die Macher die Goldene Kamera des amerikanischen Film- und Videofestivals.

17./1975

NOW I'M HERE

May schrieb den Track, der von Queen und Roy Thomas Baker produziert wurde, während seines Aufenthaltes im Krankenhaus. Bei ihm wurde während der Tour in Nordamerika, als Queen die Vorgruppe von Mott The Hoople war, Hepatitis diagnostiziert. Trotz dieser tragischen Geschichte, die für May gut ausging, erreichte der Track Platz 11 in den britischen Charts.

Das bekannteste Musikvideo von diesem Track wurde während des Queen- Auftritts im Londoner Rainbow Theater von Regisseur Bruce Gowers aufgenommen. Dabei fällt vor allem das weiße Engelsgewand von Freddie Mercury ins Auge, das in den frühen 70er Jahren zu dessen Dresscode auf der Bühne gehörte. Das Single-Cover zeigt einen Ausschnitt dieses Auftritts, während der Hintergrund grün gefärbt und mit einer gelben Schrift versehen ist.

23./1984
RADIO GA GA

Der Track stammt aus der Feder von Roger Taylor und wurde als erste Single des Albums „The Works" ausgekoppelt. Produziert wurde er von Queen und dem deutschen Produzenten Reinhold Mack, der für Queen seit dem „The Game"-Album 1979/80 zuständig war. Der Song erreichte Platz 2 im Vereinigten Königreich, erlangte jedoch Platz 1 in anderen Staaten.

Inhaltlich handelt die Single vom Niedergang des Radios, dem Medium, über das die Menschen zunächst Songs aufnahmen. Doch in den 1980er Jahren übernahmen Musikvideos die Oberhand, sodass es für Bands schwierig wurde, eine Balance zwischen Akustik und Visualität zu schaffen. Die Zeile „Radio Ka Ka" stammte von Taylors Sohn Felix, der diese stolz seinem Papa in Los Angeles vorsprach. Seitdem wurde sie beibehalten und wenn man genauer hinhört, heißt es auch „Ka Ka", anstatt „Ga Ga".

Beim Video, das der berühmte Regisseur David Mallet filmte, ließ sich die Band natürlich nicht lumpen und verband Historie in Form des deutschen Stummfilms

„Metropolis" von Fritz Lang mit modernen schwarz-roten Outfits. Im Refrain klatschen die Mitglieder zusammen mit einigen Fans, was bei den folgenden Live-Shows für einen Höhepunkt sorgte.

25./1980

SAVE ME

Die Ballade wurde für „The Game" im Jahr 1979 von Brian May geschrieben, wirkt jedoch wie eine Partnerarbeit mit Freddie Mercury. Die von Reinhold Mack produzierte Single erreichte Platz 11 im Vereinigten Königreich und wurde ein elementarer Bestandteil einiger Queen-Touren. Brian May nutzte den Titel ebenfalls für seine Kampagne gegen grausame Tierjagden.

Das Single-Cover zeigt die vier Bandmitglieder während eines Fotoshootings. Freddie Mercury trägt hierbei zum ersten Mal gegelte, kurze Haare. Diesen Look trug er ebenfalls auf dem Single-Cover von „Crazy Little Thing Called Love"

Im von Keith McMillan gedrehten Video spielt die Band auf der Bühne des Alexandra-Palastes in London. Es entstand im Zuge der „Crazy-Tour" und ist zweigeteilt. Im ersten Teil spielt die Band live, während im anderen Teil verschiedene Animationscharaktere zu sehen sind, die den Inhalt des Tracks wie ein Theaterstück wiedergeben.

26./1979
DON'T STOP ME NOW

Geschrieben von Freddie Mercury für das Album „Jazz" erreichte die Single Platz 9 in den britischen Charts. Produziert wurde der Track von Roy Thomas Baker und Queen und ist heute noch sehr berühmt. Im Jahr 2005 galt er als der beste Song für Fahrer. Inhaltlich geht es um das freie Leben und eigentlich ist es nicht das lyrische Ich, das hier erzählt, sondern Mercury selbst. Der Song symbolisiert Mercurys Feierlaunen und die damit einhergehenden Problematiken bezüglich Alkoholismus, Partnersehnsucht und sexuellen Krankheiten. Brian May sah diesen Song kritisch, wobei er selbst ein bravouröses Gitarrensolo spielt.

Das Video wurde im Forest Nationale Theater in Brüssel gedreht, dort, wo im Jahr 1984 auch das Video zu „Hammer To Fall" aufgenommen wurde.

Das Single-Cover zeigt lediglich den Hauptakteur des Songs: Mister Fahrenheit selbst steht mit dem Rücken zum Zuschauer gerichtet und hebt siegessicher den rechten Arm. Im Hintergrund sind die „Italien-Scheinwerfer", wie Queen die Bühnenbilder der „Jazz"-Tour liebevoll nannte, in den Farben Rot, Weiß und Grün zu sehen. Es ist übrigens das einzige Queen-Single-Cover, das den Namen der Band mehr als einmal zeigt.

Februar

10./1978

SPREAD YOUR WINGS

Diese wunderschöne Ballade wurde von John Deacon für das „News Of The World"-Album geschrieben. Bedauerlicherweise erreichte die zweite Single des Albums lediglich Platz 34 in den britischen Charts. Dennoch ist der Song relativ bekannt und auch das Video ist eines der markantesten der Band.

Die Band drehte dazu im Garten von Roger Taylors' Haus. Da es ein Januar-Tag war, ist nicht zu übersehen, dass die Band gewisse Kälteattacken durchmacht. Brian Mays Finger sind blau angelaufen und Freddie Mercury hat gelbe Gartenhandschuhe an. Auch „WE WILL ROCK YOU" wurde in diesem Garten gefilmt.

Das Single-Cover zeigt einen Ausschnitt der Innenseite des Albums. Menschen rennend schreiend davon. Die Originalszene zeigt auch den Grund dafür: Der Roboter, der das Album-Cover ziert, fährt eine Hand aus und greift nach diesen Menschen. Wie bei „We Are The Champions" zeigt auch hier das Single-Cover nur den Namen der Band und weist keine Bezeichnung der Single auf.

23./1974

SEVEN SEAS OF RHYE

Die einzige Single vom Album „Queen II" wurde von Freddie Mercury geschrieben und von Queen mit Roy Thomas Baker produziert. Es war der erste Charterfolg der Band, denn der Track kam auf Platz 10 der britischen Charts. Brian May verfasste den Mittelteil des Songs und sorgte mit Taylor für ein komplexeres Solo.

Das Single-Cover zeigt im Grunde das Cover der ersten Single „Keep Yourself Alive". Diesmal ist es jedoch in den Farben grün und weiß gehalten.

Ein Musikvideo gab es nicht. In diesem Fall sorgte die Pop-Show „Top Of The Pops" dafür, dass es Videomaterial gibt. Die Band erreichte damit auch international erstmals vermehrt Aufmerksamkeit.

26./1996

TOO MUCH LOVE WILL KILL YOU

Der Song wurde von Brian Masy, Frank Musker und Elizabeth Lemmers für Mays Soloalbum „Back To The Light", das im Jahr 1992 erschien, geschrieben. Queen nahm bereits während der „The Miracle"-Sessions im Jahr 1988 ein Demo dieses Tracks auf.

Erst nach Mercurys Tod im Jahr 1991 wurde seine Stimme in ein überarbeitetes Queen-Konzept eingearbeitet und es entstand eine besondere Single auf dem „Made In Heaven"-Album. Sie erreichte Platz 15 in den britischen Charts und wurde nach Mercurys Tod vermehrt von Brian May unter anderem mit dem Opernsänger Luciano Pavarotti live gespielt.

Das Single-Cover zeigt einen kreisförmigen Ausschnitt, in dem sich eine Frau an einen Arm mit einem Herz-Tattoo lehnt. Das zugehörige Video wurde von DoRo gedreht und beinhaltet Aufnahmen sämtlicher Live-Touren und Promo-Videos der Band.

März

04./1977

TIE YOUR MOTHER DOWN

Brian May schrieb diese rockige Nummer für das Album „A Day At The Races". Obwohl der Song eine typische Queen-Nummer ist, erreichte er lediglich Platz 31 in den britischen Charts.

Das Single-Cover zeigt vier einzelne Fotos in einem schwarz-grau-grünen Ton. Diese wurden ebenso im Inlay des Albums verwendet. Das „Q" von „Queen" wurde hierbei zu einem Notenschlüssel stilisiert.

Im Video, das von Bruce Gowers gedreht wurde und während der Amerika-Tournee von 1977 aufgenommen wurde, erscheint die Band in wechselndem Scheinwerferlicht, qualmender Umgebung und Explosionen im Hintergrund.

04./1991

I'M GOING SLIGHTLY MAD

Die zweite Single des Albums „INNUENDO" wurde ursprünglich von Freddie Mercury geschrieben, aber unter dem Namen „Queen" veröffentlicht. Produziert wurde der Track von Queen und David Richards und erreichte Platz 22 im Vereinigten Königreich, kletterte jedoch in Hongkong auf Platz 1.

Das Single-Cover entstammt der Geschichte „Un autre monde" von J. J. Grandville und zeigt ein seltsames Monster mit weit aufgerissenen Augen. Es handelt sich dabei um einen Einzeller namens Volvox, der die Cholera-Epidemie in den 1830er Jahren symbolisiert. Der Graphiker Richard Grey, der ab dem „A Kind Of Magic"-Album für die Band arbeitete, zeichnete die Augen als einen rot-weißen Strudel, sodass es wirkt, als sei der Einzeller verrückt.

Das Musikvideo zu „Slightly Mad" wurde von Rudi Dolezal und Hannes Rossacher im Februar 1991 in schwarz-weiß gedreht. Das ist deshalb bemerkenswert, da hier Single und Video eher aufgenommen und gedreht wurden, als bei „Headlong". Hier wurde nämlich bereits im November 1990 das Video gedreht, die Single erschien jedoch erst im Mai 1991.

Im „Slightly Mad"-Video, das von den „Torpedo Twins" gedreht wurde, verkleideten sich die Bandmitglieder. Freddie Mercury, der zum Zeitpunkt des Drehs bereits schwer an HIV erkrankt war, stellte einen verrückten Professor dar, der sogar einen Bananenhut trägt. John Deacon spielte einen Clown mit einem Jo-Jo. Brian May ist ein Pinguin, während Roger Taylor einen Teekessel auf dem Kopf trägt. Außerdem tauchen ein Gorilla und einige Pinguine im Video auf.

17./1986

A KIND OF MAGIC

Der Song wurde von Schlagzeuger Roger Taylor für das gleichnamige Album geschrieben. Produziert wurde die Single von Queen und David Richards. Der Originaltrack ist am Ende des Films „Highlander", für den Queen die Musik komponierte, zu hören. Mercury veränderte einige Strukturen des Tracks, sodass dessen Version bekannter ist und im März 1986 veröffentlicht wurde. Im Vereinigten Königreich erreichte der Song Platz 3, in 35 anderen Ländern gar Platz 1.

Das Video wurde Anfang März 1986 im alten Playhouse-Theater in London von Regisseur Russel Mulcahy gedreht. Die Bandmitglieder erscheinen dabei in Vagabundenkostümen, die von Zauberer Mercury in echte Rockstars verwandelt werden. Erst am Ende des Tracks werden die Mitglieder wieder zu Vagabunden und Mercury verlässt das Theater.

Das Single-Cover zeigt Kurgan, den Bösewicht des Films „Highlander". In den USA wurde anstatt „Magic" der Track „Princes Of The Universe" veröffentlicht.

April

02./1984

I WANT TO BREAK FREE

Geschrieben von Bassist John Deacon für das Album „The Works" im Jahr 1984. Der Track wurde von Queen und Reinhold Mack produziert, als zweite Single des Albums ausgekoppelt und zu einem der populärsten Hits der Band. Im Vereinigten Königreich erreichte er Platz 3 und verblieb weitere 15 Wochen auf dieser Position. Bemerkenswerterweise ist die Single länger als der Albumtrack. Allerdings wurde beim Single-Cover etwas geschummelt: Die Fotos der vier Bandmitglieder wurden dem Albumcover entnommen und als einzelne Quadrate in eine beliebige Reihenfolge gebracht.

Die Idee zum Video, das von Star-Regisseur David Mallet gedreht wurde, stammte von Schlagzeuger Roger Taylor, der eine Parodie der britischen Unterhaltungssendung „Coronation Street" vorschlug. Die Band verkleidete sich als Frauen im Haushalt. Mercury wirkt am schillerndsten, behielt er doch seinen markanten Schnauzbart. May spielt die klassische Mamsell mit Schlafanzug und Plüschschuhen. Lockenwickler durften natürlich auch nicht fehlen.

John Deacon ist als grantige Großmutter verkleidet und spielt seine Rolle hervorragend. Das sexy Schulgirl wird – natürlich – von Roger Taylor gespielt. Im zweiten Teil des Videos steht die Band unverkleidet in einem dunklen Raum mit lauter Bergmännern. Die Szene weist auf den 1984 stattgefundenen Bergarbeiterstreik im Vereinigten Königreich hin.

Als dritter Teil wurde eine Ballettszene eingefügt, die Mercury ohne Bart zeigt. Er lässt sich von den anderen Mitgliedern der Tanzgruppe verwöhnen und hofieren, wobei nach dieser Einlage der Schwenk der Kamera erneut den Haushalt der Queen-Ladies zeigt.

Das Video wurde aufgrund dieser Verkleidungszeremonie in den USA zensiert und sorgte für großes Aufsehen. Mercury wurde immer wieder gefragt, ob das Video der Schwulenszene gewidmet sei. Er verneinte dies und verwies auf die Ideen von Deacon und Taylor.

19./1982
BODY LANGUAGE

Die sehr funkige und vor allem tanzbare Single wurde in der Hochzeit der „HOT SPACE"-Phase von Freddie Mercury geschrieben. Seinen Hang zur ausschweifenden Liebe wird zum einen auf dem Single-Cover deutlich, auf dem zwei nackte Menschen mit Pfeilen versehen sind. Auch das Musikvideo wurde in diesem Stil gehalten und in einer Sauna gedreht.

MTV sperrte dieses Video angeblich wegen Nacktheit, obwohl die Band bekleidet auftrat. Die Bandmitglieder schauen nicht wirklich begeistert, nur Mercury fühlt sich in seiner Rolle wohl. Bemerkenswert sind die Pfeile, die sowohl auf dem Cover als auch im Video vorkommen. Weder Mercury noch die anderen Bandmitglieder erläuterten jemals deren Bedeutung. Während der Live-Tourneen trug Mercury sogar eine daran angelehnte und extra angefertigt Pfeiljacke.

Der Song erreichte Platz 25 in den UK-Charts.

Mai

02./1989

I WANT IT ALL

Der Song wurde ursprünglich von Brian May geschrieben, aufgrund einer Übereinkunft der Bandmitglieder wurde er unter dem Namen „Queen" veröffentlicht. Es handelt sich bei dem Track um die erste Single des Albums „The Miracle", er wurde von Queen und David Richards produziert und erreichte Platz 3 in den britischen Charts, während der Track in anderen Staaten Platz 1 einnahm.

Das Video, das von „DoRo" gedreht wurde, war das erste seit „"Who Wants To Live Forever" im Jahr 1986 und zeigt die Band in einer sehr technischen Studioumgebung mit vielen Scheinwerfern. Freddie Mercury trug hierbei zum ersten Mal keinen Schnauzer mehr, sondern einen Vollbart. Der Hintergrund war, dass er zu jener Zeit bereits HIV-positiv war und damit die Karposi-Sarkome überdecken konnte. Taylor und Deacon haben kürzere Haare und wirken ebenfalls etwas älter.

Das Single-Cover zeigt die Köpfe der vier Bandmitglieder nebeneinandergereiht. Hierbei fällt auf, dass das „fünfte" Auge auf dem Albumcover zu Brian May gehört. Alle anderen Singles des Albums erlangten erstens nicht dieselbe Popularität wie „I Want It All" und zeigen zweitens nur die Augen der Mitglieder in verschiedener Gestaltung.

13./1991

HEADLONG

Ursprünglich von Brian May für dessen Solo-Album „Back To The Light" geschrieben, wurde die dritte Single des „Innuendo"-Albums unter dem Namen „Queen" veröffentlicht. Produziert wurde die Single von der Band in Kooperation mit David Richards. Der Song wurde als erster für die neue Plattenfirma Hollywood Records veröffentlicht. Im Vergleich zu den anderen „Inuendo"-Singles zeigt das Single-Cover von „Headlong" keine Abbildung von Grandville. Stattdessen sitzen die vier Bandmitglieder auf vier Stühlen nebeneinander. Während May und Taylor scherzen, blicken Deacon und Mercury ernst in die Kamera.

Eine andere Ausnahme bildet das Cover der 12"-Single, auf dem der Kopf des Jongleurs vom Album-Cover abgebildet ist.

Das Do-Ro-Video entstand bereits Ende des Jahres 1990, der Song erschien allerdings erst nach der im Februar 1991 entstandenen Single „Slightly Mad" (siehe 04. März). Im Video ist die Band bei ihrer Studioarbeit zu sehen, wobei es sehr an „One Vison" von 1985 erinnert.

Die Band liegt bei ihrem markanten „Hoop Diddy Diddy – Hoop Diddy Doo" auf vier übereinander montierten Brettern. Auffällig ist, dass sie insgesamt drei verschiedene Klamotten anhaben. Mercury trägt einmal einen gelben Pullover, dann ein blaues Hemd und eine blaue Weste sowie ein blaues Hemd mit einer weißen Krawatte.

Trotz der Harmonie, die innerhalb der Band kurz vor Mercurys Tod mehr denn je bestand, sieht man es insbesondere Taylor und Deacon an, dass sie älter geworden sind. Eine gewisse Trauer schwebt im Raum, auch wenn Mercury zu Späßen aufgelegt schien und durch seinen Vollbart gesünder aussah als ohne. Im Februar 1990 war er bei den „Outstanding Contributions" komplett rasiert gewesen, was ihn dünner und kränker hat aussehen lassen. Das Video ist das letzte, das die Band in Farbe zeigt.

20./1977

QUEEN'S FIRST E. P. / GOOD OLD FASHIONED LOVER BOY

Der Track wurde von Freddie Mercury für das Album „A Day At The Races" geschrieben und erreichte Platz 17 in den UK-Charts. Die Single war eine von vier, die auf der Platte veröffentlicht wurde. Die anderen drei waren: „White Queen" vom Album „Queen II" (Brian May), „Tenement Funster" vom Album „Sheer Heart Attack" (Roger Taylor) und „Death on Two Legs" vom Vorgängeralbum „A Night At The Opera" (Freddie Mercury).

Mercurys Liebe zu Vintage und die Liebe zum historischen Dandytum werden in diesem Song stärker denn je ausgedrückt. Markant ist auch Taylors Schlagzeug, das teilweise mit Synkopen und cleveren Unregelmäßigkeiten die Aufmerksamkeit auf sich zieht. Das Single-Cover zeigt die Band während eines Live-Konzerts 1977.

Bedauerlicherweise gibt es nur ein wirkliches Musikvideo, jenes von einer BBC-Aufzeichnung der Show „Top Of The Pops". Während auf dem Album der Produzent Mike

Stone zwei Zeilen singt, wurde der Gesang dieser Stellen im Video von Schlagzeuger Roger Taylor übernommen.

30./1980

PLAY THE GAME

Von Freddie Mercury geschrieben und von Reinhold Mack produziert, erreichte die dritte Single des fast gleichnamigen Albums Platz 14 in den britischen Charts. Das Single-Cover zeigt die vier Band-Mitglieder nebeneinander vor orangenem/braunem Hintergrund, wobei Freddie Mercury erstmals einen Schnauzbart trägt. Diesen sollte er bis zum Ende der „Magic"-Tour im Jahr 1986 behalten.

Im Video, das von Brian Gant in den Trillion Studios gedreht wurde, ist die Band inmitten leuchtender Feuer in sämtlichen Farben zu sehen. In einer Einstellung erscheint Freddie Mercury ohne Oberteil, wobei er mit kaltem Wasser überschüttet wurde. In einer anderen Einstellung fällt auf, dass alle „Play The Game" singen, außer John Deacon, der lediglich ernst in die Kamera schaut. Insbesondere Freddie Mercury präsentierte sich hier in neuem Look.

Juni

01./1982

LAS PALABRAS DE AMOR (THE WORDS OF LOVE)

Geschrieben wurde die Single von Brian May für das Album „Hot Space". Produziert wurde sie von Queen und Reinhold Mack, wobei sie nicht dem typischen Funk-Disco-Stil entspricht. Queen kehrte mit diesem Song wieder in die leichtere musikalische Richtung zurück und sang Teile des Refrains auf Spanisch. Die Single erreichte Platz 17 in den UK-Charts.

Das Musikvideo entstand bei einem Auftritt bei „Top Of The Pops" und zeigt die Band in vornehmen Outfits. Mercury wirkt durch einen Smoking mit Fliege besonders edel und steckt gesanglich wortwörtlich viel Liebe in den Song.

09./1986

FRIENDS WILL BE FRIENDS

Diese Ballade wurde vom Duo Mercury/Deacon für das „A Kind Of Magic"-Album geschrieben. Produziert wurde der Track von Queen und Reinhold Mack und als dritte Single des Albums ausgekoppelt wurde. Das Single-Cover ist an das Video angelehnt, in dem die Band inmitten von Fans umringt spielt. Freddie Mercury steuert dabei sogar einen Scheinwerfer. Die „Torpedo Twins" ließen in diesem Video die Lichter spielen, die die balladenartige Musik unterstreichen.

Die Single erreichte lediglich Platz 14 in den UK-Charts, wurde jedoch in die „Magic"-Tour aufgenommen. Zwischen den Schlusssongs „We Will Rock You" und „We Are The Champions" wurde der Track in etwas schnellerer Rhythmik eingefügt. Im Vergleich zu den anderen Singles des Albums taucht der Song nicht im „Highlander"-Film auf.

17./1996

LET ME LIVE

Der Track wurde von Queen geschrieben und während der „The Works"-Sessions 1984 aufgenommen. Der eigentliche Komponist war Freddie Mercury, der den Track mit Rod Stewart aufnahm. Schließlich landete er nicht auf dem Queen-Album. Erst nach Mercurys Tod im Jahr 1991 produzierten die verbleibenden Mitglieder mit dem Produzenten David Richards eine neue Version für das Album

„Made In Heaven". Diese wurde im Gospel-Stil aufgenommen, wobei Taylor und May je eine Strophe und Teile der Bridge singen. Der Song erreichte Platz 9 in den britischen Charts.

Das Musikvideo beinhaltet verschiedene Aufnahmen der Band sowie Auszüge aus den Promo-Videos. Das Single-Cover zeigt die vier Bandmitglieder zu verschiedenen Zeitpunkten aneinandergereiht. Mays Foto stammt aus dem „Who Wants To Live Forever"-Video aus dem Jahr 1986, John Deacons Foto wurde während der „Headlong"-Sessions im November 1990 aufgenommen und Freddie Mercurys Bild stammt aus der Zeit des „Barcelona"-Albums im Jahr 1988. Nur Roger Taylors Bild entstand nach dem Tod von Freddie Mercury. Es stammt aus der Zeit seines dritten Soloalbums „Happiness?" aus dem Jahr 1994.

18./1976

YOU'RE MY BEST FRIEND

Der zweite vollständig von Bassist John Deacon geschriebene Song wurde als dessen erste Single für das Album „A Night At The Opera" ausgekoppelt. Produziert wurde der Track von der Band mit Roy Thomas Baker und erlangte Platz 7 in den britischen Charts. Damit bewies Queen, dass sie auch nach der Top-Single „Bohemian Rhapsody" nicht vom Erdboden verschwunden war. Es ist hinlänglich bekannt, dass sich Bands nach erfolgreichen Singles schwertun, eine weitere erfolgreiche Single zu produzieren. Dies gelang Queen zweifellos. Das Single-Cover zeigt die Bandmitglieder auf der Wiese vor den Ridge-Farm-Studios.

Bruce Gowers führte beim Musikvideo Regie und sorgte dafür, dass im Video eine zum Song passende, liebevolle Atmosphäre aufgebaut wird. Die Band spielte hierbei an einem heißen April-Tag zwischen brennenden Kerzen. John Deacon sitzt im Video übrigens am Piano.

19./1989

BREAKTHRU

Geschrieben von Freddie Mercury und Roger Taylor, wurde die zweite Single des Albums „The Miracle" unter dem Namen „Queen" veröffentlicht. Produziert wurde der Song von Queen und David Richards. Er besteht aus zwei Teilen: Der erste Teil entstammte einem Demo von Mercury mit Klavier unterlegt und nannte sich „A New Life Is Born". Der zweite und längere Teil besteht aus dem Rock-Song von Roger Taylor. Der Song erreichte einen stolzen 7. Platz in den britischen Charts, ist jedoch eher unbekannt. Das Single-Cover zeigt die vier aneinander gereihten Köpfe, die jedoch nur auf die Augen zugeschnitten sind. Der schmale Streifen auf blauem Hintergrund wirkt wie eine Schiene, passend zum Video, denn dieses wurde von Dolezal und Rossacher auf einer Dampflok namens „The Miracle Express" gedreht.

Diese Idee stammte von John Deacon und Freddie Mercury, denn die Basslinie des Songs wirkt in der Tat wie auf einer Zugfahrt. Markant sind die Westen, die alle Bandmitglieder tragen. Zudem bekam Debbie Leng,

Schauspielerin und damalige Freundin Roger Taylors, eine Gastrolle. Sie liegt auf den Schienen und sieht sich als die „Ausbrecherin". Sogar eine kleine Tanzeinlage mit Mercury ist im Video zu sehen.

29./1979

LOVE OF MY LIFE – LIVE

Die Ballade wurde von Freddie Mercury für das Album „A Night At The Opera" im Jahr 1975 geschrieben und im Original von Queen mit Roy Thomas Baker produziert. Eine Single wurde damals nicht ausgekoppelt. Erst als Queen die „Live Killers"-Tour spielte, wurde der Live-Track als Single ausgekoppelt. Dieser wurde von Queen und David Richards in Montreux neu gemischt. Anstatt eines Pianos spielt in dieser Version Brian auf seiner akustischen Gitarre. Das Video dazu wurde in Tokio von Regisseur Dennis De Vallance aufgenommen.

Juli

06./1973

KEEP YOURSELF ALIVE

Die allererste Single der Band wurde von Brian May für das Album „QUEEN" geschrieben und von Roy Thomas Baker produziert. Trotz des rockigen Sounds verpasste der Track eine Platzierung in den britischen Charts.

Das Single-Cover zeigt die Band in einer Art Fotonegativ auf einem Sofa mit einer stilvollen alten englischen Stehlampe.

Die BBC nahm die Band auf einem Video auf. Ein anderes stammt von Bruce Gowers, das die Band zeigt, die den Song in den Brewer Street Studios aufnimmt. Die Mitglieder wirken hier noch eher wie größere Jugendliche, aber es wird auch deutlich, wie viel Wert sie auf perfekte Aufführungen legten. Das wird auch an den Outfits (insbesondere dem von Freddie Mercury) deutlich. Glanz, Glamour und Rock in einem waren die Wurzeln der Band Anfang der 1970er Jahre.

16./1984

IT'S A HARD LIFE

Der Song wurde von Freddie Mercury für das Album „The Works" geschrieben und als dritte Single des Albums ausgekoppelt. Produziert wurde der Track von Queen und Reinhold Mack und erreichte Platz 6 in den UK-Charts. Opernliebhaber, der er war, sang Mercury die ersten drei Zeilen aus der Arie „Vesti la giubba", die aus der Oper „Pagliacci" stammt. Der Song erinnert an die frühen Queen-Tage mit allen typischen Queen-Harmonien und entsprechend abgestimmten Instrumenten.

Das Video drehte David Mallet, der mit Mercury die Idee eines Theaterstückes hatte und diese umständlich und pompös in den Münchner Arri-Studios umsetzte. Die Bandmitglieder tauchten in unterschiedlichen Kostümen auf: Mercury sah in seinem roten Kostüm mit großen Augen daran und einer langen schwarzen Perücke aus wie eine „große Garnele", so die anderen Bandmitglieder. John Deacon spielte ein silbernes Pferd mit dessen Kopf in der Hand. Brian May stellt den Tod dar, was er während des Gitarrensolos mit einer wertvollen Totenkopfgitarre verdeutlicht. Roger Taylor ist der Hass auf diese Szenerie förmlich anzusehen. Er spielt einen spanischen Adligen und erstickt fast in dem viel zu eng verschnürtem spanischen Kragen. Die vier Bandmitglieder posieren in diesen Kostümen für das Single-Cover. Im Video taucht übrigens auch Freddie Mercurys Freundin Barbara Valentin auf, die ab den 1980er Jahren eine feste Größe in dessen Leben war.

August

07. / 1989

The Invisible Man

Der Song wurde eigentlich von Roger Taylor verfasst, erschien wie alle anderen des Albums „The Miracle" jedoch unter dem Namen „Queen". Produziert wurde er von der Band zusammen mit dem späten Queen-Produzenten David Richards und erreichte Platz 12 im Vereinigten Königreich. Für das Single-Cover wurde das Album-Cover verwendet und durch die Buchstaben von „The Invisible Man" geteilt.

Im Song werden die vier Bandmitglieder namentlich von Freddie Mercury aufgezählt, wobei Roger Taylor Mercurys Namen aufruft. Das Video wurde von den „Torpedo Twins" mit einer speziellen Motion-Control-Technik gedreht. Die Mitglieder der Band tauchen sowohl im Haus einer Familie auf, sind jedoch auch als Silhouetten auf dem Dach zu sehen, wie in einem Computer-Spiel. Der Titel des Songs ist an den Roman des englischen Schriftstellers Welles angelehnt. Darin bastelt „der Unsichtbare" an einem Experiment und gerät in einen Kampf mit den „wirklichen" Bewohnern einer Kleinstadt.

09./1982

BACK CHAT

Der John Deacon Track wurde für das Album „Hot Space" geschrieben und von Queen mit Reinhold Mack produziert. Mit der Single zeigte sich die Band ungewöhnlich funky. Ihr Musikstil entwickelte sich in dieser Ära mehr in die Disco-Richtung, die insbesondere Mercury und Deacon zupasskam. Doch die Single erreichte lediglich Platz 48 in den UK-Charts, sodass sich die Band auf der Tour entschied, den Track deutlich rockiger mit mehr E-Gitarre und hartem Backbeat zu spielen.

Das Musikvideo ist ebenso technisch gehalten. Die Band spielt hier an einem riesigen Werkzeugschlüssel und vor einem eisernen Tor. Ganz gegensätzlich dazu ist das Single-Cover, das letztlich nur die vier Farben rot, blau, grün und gelb des Album-Covers widerspiegelt und anstatt des Albumnamens den Songtitel enthält.

22./1980

ANOTHER ONE BITES THE DUST

Die letzte Single des 1980 erschienen „THE GAME"-Albums wurde von Bassist John Deacon geschrieben und von Queen mit Reinhold Mack produziert. Zum ersten Mal veränderte die Band ihren musikalischen Style in Richtung Funk, Disco, Bass and Drum. Die Single war die erfolgreichste des Jahres 1980 und wurde über 7 Mio. mal gekauft. Auch das Album erlangte Platz 1 in zahlreichen Ländern der Welt, im Vereinigten Königreich kletterte der Song jedoch nur auf Platz 7. Im Jahr 1998 wurde der Track mit Wyclef Jean neu aufgelegt und gelangte auf Platz 5.

Das Musikvideo wurde im Reunion Theater in Dallas/Texas gedreht. Freddie Mercury macht darin keinen Heel aus seiner Homosexualität und schreit sich die Kehle aus dem Hals. Bis 1986 war der Track Bestandteil sämtlicher Touren. Mercury blühte bei diesem Track besonders auf und die Zusammenarbeit im Disco-Bereich wurde mit John Deacon für „Hot Space" 1982 verstärkt. Ironischerweise wurde für das Single-Cover kein Ausschnitt dieses Video verwendet, sondern eine Szene aus dem „Ply The

Game"-Video. Dabei springt Freddie Mercury mit einem FLASH-T-Shirt in die Luft.

September

10./1984

HAMMER TO FALL

Geschrieben von Brian May, erreichte die vierte und letzte Single des Albums „The Works" Platz 13 in den UK-Charts. Produziert wurde der Track von Queen und Reinhold Mack. Der Song wurde immanenter Bestandteil bei den Live-Shows bis zur letzten Tour 1986, wobei mit Spike Edney ein weiterer Gitarrist auf die Bühne kam und dem Song eine rockigere Note verlieh.

Das Single-Cover ist unterschiedlich gestaltet. Die originale britische Single ist lediglich rot mit einem dunkelgoldenen quadratischen Rahmen, wobei ein anderes Cover einen Ausschnitt der „The Works"-Tour zeigt. Dabei fallen vor allem die Regenbogenscheinwerferlichter auf, die bei dieser Tour das Markenzeichen waren.

Queen spielte bei der Tour zuerst im Forest National Theater in Brüssel im August 1984. Dort entstand das Musikvideo, wobei alle vier Bandmitglieder in weißen Klamotten zu sehen sind. markant ist vor allem Taylors Shirt mit der Aufschrift „CHOOSE LIFE". Bemerkenswerterweise fand der Track auch im 1986 erschienen

„Highlander"-Film Verwendung. Damit stellt er eine Ausnahme dar, denn alle anderen Songs für den Film stammen aus dem „A Kind Of Magic"-Album.

15./1986

WHO WANTS TO LIVE FOREVER

Die Ballade von Brian May wurde als vierte und letzte Single des Albums „A Kind Of Magic" ausgekoppelt. Produziert wurde der Song von Queen und David Richards mit dem Orchesterleiter Michael Kamen. Passend zum Film „Highlander" handelt der Song vom ewigen Leben und von der gleichzeitigen Trauer bei Verlust einer bedeutenden Person. Im Film verliert der Held Connor MacLeod, gespielt von Christopher Lambert, seine Freundin Heather (Beatie Edney), wobei Queen es wieder versteht, die Emotionen hochkochen zu lassen. Beide Darsteller sind auch auf dem Single-Cover abgebildet.

Trotz des prominenten Filmbonus erreichte der Song nur Platz 24 in den britischen Charts und wurde bereits auf der von Juni bis Juli 1986 stattfindenden „Magic"-Tour live aufgeführt, bevor er als Single ausgekoppelt wurde. Er war damit der letzte und damals neueste Song, den die vier Bandmitglieder in Originalbesetzung live darboten.

Im von den „Torpedo Twins" gedrehten Video erscheint die Band in vornehmer Kleidung und wird von Kamens National Philharmonic Orchestra begleitet. Als Dekoration wurden tausende von Kerzen aufgestellt, Scheinwerfer ganz bewusst eingesetzt und mithilfe eines Knabenchores das i-Tüpfelchen gesetzt. John Deacon spielt erstmals einen Kontrabass, Freddie Mercury tritt mit klarer Stimme und edlem Smoking mit weißer Fliege auf. Brian May übernahm einige Gesangsparts, wobei er einerseits umringt von Kerzen steht, andererseits mit der Red Special in der Nähe des Orchesters. Nur Roger Taylor sieht in seinem Jeansoutfit etwas mitgenommen aus.

Michael Kamen verarbeitete die Melodien in zahlreichen anderen Versionen. Diese klingen eher mittelalterlich mit Blasinstrumenten und Harfen. Die Variationen gelangten jedoch nicht auf das Queen-Album, sondern sind Bestandteil einer Rarity-Kompilation.

Oktober

05./1979

CRAZY LITTLE THING CALLED LOVE

Der erste Song des Albums „The Game" entstand in der Badewanne eines Münchner Hotels. Freddie Mercury hatte die Gitarrenakkorde bereits vorgefertigt und arbeitete diese mit John Deacon und Roger Taylor noch am selben Tag in den Musicland Studios aus. Reinhold Mack wurde ab 1979 der neue Produzent für die Band und blieb es bis 1986. Mit der Band produzierte er die Single, die in den US-Charts auf Platz 1 landete, während sie im Vereinigten Königreich auf Platz 2 kletterte. Brian May spielte das Gitarrensolo übrigens nicht auf seiner Red Special, sondern auf einer Fender-Gitarre.

Der Track selbst ist an den Rock'n'Roll von Elvis Presley angelehnt. Queen präsentiert sich auf dem farbigen Single-Cover in schwarzen Lederklamotten, während sich Freddie Mercury mit kurzen und gegelten Haaren im neuen Look zeigt. Das Foto entstand während des Videodrehs in München und wurde als Schwarz-Weiß-Version als Album-Cover verwendet. Wenngleich die Band mit dem 50er Jahre Rock an die frühe Zeit anknüpft, weist ihr

Outfit auf die neue Ära hin. Auf demselben Album wurde mit „Another One Bites The Dust" der erste Funk-Disko-Song geschrieben.

Das Musikvideo wurde von Dennis De Vallance in den Trillion Studios in London gefilmt. Alle Bandmitglieder zeigen sich in Lederoutfits und weisen durch den Style und die graue und technische Atmosphäre eine ganz neue Richtung auf. Auch Tänzerinnen, mit denen Mercury flirtend zu sehen ist, spielen neben einem Motorrad eine bedeutsame Rolle.

07./1977

WE ARE THE CHAMPIONS

Die fast als Hymne deklarierte Single wurde von Freddie Mercury für das Album „News Of The World" geschrieben und von Queen mit Mike Stone produziert. Durch den markanten 6/8-Takt schwingt im Track etwas Siegessicheres mit und Roger Taylor antwortete passend dazu auf die Frage, ob die Band mit dem Song etwas Bescheidenheit an den Tag legen würde, dass es nie eine Bescheidenheit gab. Dies ist der Stil, der die Band bis zum Schluss ausmachte und ausschlaggebend dafür war, dass selbst die strengsten

Kritiker eine gewisse Bewunderung für die Band entwickelten.

Das Single-Cover zeigt einen Ausschnitt des Album-Covers. Dort ist ein mechanischer Roboterkopf auf grünem Hintergrund zu sehen, über dem in roter Schrift der Bandname steht.

Im Musikvideo spielen die Mitglieder in einer Menge von etwa hundert Queen-Fans im Queen Fan Club im New London Theatre. Mercury trägt dabei den markanten schwarz-weißen Karo-Anzug, der mit einer analogen bunten Variante ab den Live-Shows von 1977 bis 1979 das typische Outfit war.

09./1989

SCANDAL

Die vorletzte Single des Albums „The Miracle" wurde ursprünglich von Brian May geschrieben, jedoch wie alle Songs ab 1989 unter dem Namen „Queen" veröffentlicht. Er erreichte Platz 25 in den britischen Charts und wurde von Queen und David Richards produziert.

Das Single-Cover zeigt als einziges der 1989er-Singles nicht das verfremdete Album-Cover, sondern die vier Bandmitglieder vor einer orange-roten Wand. Dabei halten sie ein Schild mit der Aufschrift „Scandal" in den Händen. Das Bild entstand während des Videos zu „The Invisible Man".

Das Musikvideo wurde wieder von den Torpedo Twins gedreht, wobei die Band auf einer großen nachempfundenen Zeitung spielen. Im Hintergrund steht als Überschrift „National Scandal".

11./1974

KILLER QUEEN

Geschrieben wurde der Track von Freddie Mercury für das im Jahr 1974 erschienene dritte Studioalbum „Sheer Heart Attack". Produziert wurde er von Queen mit Roy Thomas Baker und avancierte zu einem weltweiten Top-Hit. Im Vereinigten Königreich wurde die Single zusammen mit dem Track „Flick Of The Wrist" als Doppel-A-Seite ausgekoppelt.

Auch die Single-Cover wurden verschiedenartig gestaltet. Das erste zeigt eine Aufnahme der Bandmitglieder, die aus dem Innenteil des „Queen II"-Albums stammt und deren Farbgestaltung in weiß-grün gehalten ist. Ein anderes zeigt das Album-Cover von „Sheer Heart Attack", auf dem anstatt der roten Schrift des Albumnamens das Wort „Killer Queen" in weißen Lettern steht.

Das Musikvideo zeigt die Band bei einem Auftritt bei der Musikshow „Top Of The Pops", das von Regisseur Robin Nash gedreht wurde. Freddie Mercury zeigte sich hier erstmals im Glamour-Stil mit schwarzgemalten Fingernägeln. Die Band steht inmitten von grünen, weißen und blauen Glühlampen und wird von Dampf eingenommen.

13./1978

BICYCLE RACE/FAT BOTTOMED GIRLS

Als Doppel-A-Seiten-Single wurden diese beiden Tracks des im Jahr 1978 erschienen „Jazz"-Albums ausgekoppelt und von Queen mit Roy Thomas Baker produziert. Geschrieben wurden sie in Nizza, wo die Band in den Super Bear Studios ihre Aufnahmen tätigten. Beide Singles erreichten Platz 11 im Vereinigten Königreich.

Freddie Mercury wurde von der vorbeifahrenden Tour De France für die Single „Bicycle Race" beeinflusst. Für dieses Video fuhren zahlreiche nackte Models durch das Londoner Wimbledon-Stadion. Der Sattelverkäufer wollte die Sattel jedoch nicht zurücknehmen und die Band musste dafür aufkommen. Eines dieser Models ziert bis heute das Single-Cover, wobei darauf bestanden wurde, dass der Lady eine Unterhose angemalt wird.

Scheinbar ließ sich Brian May davon beeinflussen. Der sonst so brave Gitarrist zeigte sich bei „Fat Bottomed Girls" von einer anderen, interessanten Seite. Dieses Video wurde von Dennis De Vallance gedreht und wurde im Zuge der 1978er Nordamerika-Tournee, genauer im

Convention Centre in Dallas/Texas aufgenommen. Die Band geht in dem Video beinahe inmitten der riesigen Scheinwerferrecks unter.

14./1991

THE SHOW MUST GO ON

Die 40. und allerletzte Queen-Single, die noch zu Lebzeiten Freddie Mercurys erschien, ist in doppelter Hinsicht eine besondere. Einerseits wussten die Bandmitglieder, erst recht Brian May als ursprünglicher Autor des Songs, dass Mercury kurz vor seinem Tod steht. Andererseits sollte mit diesem Titel das Erbe des großartigen Musikers aufrecht erhalten werden. Unter dem Namen „Queen" herausgebracht, wurde der Song von der Band mit David Richards produziert. Mercury selbst konnte bei den Aufnahmen kaum stehen, nach einigen Wodkas sang er jedoch mit aller Kraft und traf auch die höchsten Noten. Im Vereinigten Königreich erreichte der Song Platz 16 in den Charts.

Das Video, ebenfalls von „DoRo" gedreht, zeigt zahlreiche Queen-Momente der 1980er und 1990er Jahre. Hintergrund war, dass Freddie Mercury schlicht zu matt war, um ein Video zu drehen. Passend zu der Musik und den Videoausschnitten wurde auch das Single-Cover ausgewählt. Es stammt, wie nahezu alle des Albums, vom französischen Künstler J. J. Grandville. Der Name des Bildes lautet „Le Concert Du Vapeur" – „Das Dampfkonzert", wobei sämtliche Instrumente durch eine ausgeklügelte Mechanik und Dampfmaschinen zum Laufen gebracht wurden. Ein anderer Teil des Konzerts ist auf dem „Innuendo"-Single-Cover abgebildet.

23./1995

HEAVEN FOR EVERYONE

Der Song wurde von Roger Taylor ursprünglich für dessen Band „The Cross" und deren erstes Album „Shove It!" im Jahr 1988 verfasst. Gedacht war er sogar schon für das „A Kind Of Magic"-Album von Queen aus dem Jahr 1986, fand jedoch keine Verwendung. Bereits auf dem „The Cross"-Album sang Freddie Mercury, während auf der US-Single Roger Taylor den Gesang übernahm.

Nach dem Tod von Freddie Mercury arbeiteten die verbleibenden Bandmitglieder am Album „Made In Heaven". Diesmal wurde der Track neu von Queen und dem

Produzenten David Richards bearbeitet und durch wesentlich stärkere Gitarren- und Schlagzeugeffekte komplexer gestaltet. Diese Version konnte Freddie Mercury nie hören, doch sie erreichte als erste ausgekoppelte Single des Albums einen stolzen 2. Platz in den UK-Charts.

Das Musikvideo wurde von David Mallet gedreht und zeigt Bilder von Freddie Mercurys Haus in London (Garden Lodge) und Auszüge drei verschiedener französischer Stummfilme („Le Voyage dans la Lune", „Le Voyage à travers impossible" und „L'éclipse du soleil en pleine lune"), die um 1900 entstanden.

Das Single-Cover zeigt einen Ausschnitt des Album-Covers. Zu sehen ist ein Teil der Freddie-Mercury-Statue in Montreux, die zum Genfer See bei Sonnenuntergang ausgerichtet ist.

26./1981

UNDER PRESSURE

Im Herbst 1981 trafen sich Queen mit dem Musiker David Bowie auf eine Jam-Session. Mercury arbeitete mit den restlichen Bandmitgliedern bereits an einem neuen Album und hatte mit dem Demo „Feel Like" eine Vorlage für die Single „Under Pressure" verfasst. Angeblich war es John Deacon, dem das markante Bassintro einfiel, dieser schob es jedoch auf Bowie.

Der Song wurde die erfolgreichste Single des Albums und war der einzige, der von diesem auf das 1991 erschiene Album „Greatest Hits II" gelangte. Nach „Bohemian Rhapsody" war es der zweite Nummer-Eins-Hit der Band im Vereinigten Königreich.

Produziert wurde der Song in Montreux von Queen und Bowie, allerdings tauchen die Musiker weder auf dem Single-Cover (schwarz mit weißer Schrift) noch im Video auf. Dieses zeigt historische Filmausschnitte von Murnaus „Nosferatu", explodierende Brücken, Kriegszustände und feiernde Menschen. Live sollten die Musiker auch nie zusammen in dieser Konstellation auftreten. Erst auf dem „Mercury's Tribute"-Konzert im Jahr 1992 trat Bowie mit der Sängerin Annie Lennox und den verbleibenden Queen-Mitgliedern im Wembley-Stadion auf. Im Jahr 1990 veränderte der britische DJ Vanilla Ice den Track und veröffentlichte diesen unter dem Namen „Ice Ice Baby" im Hip-Hop-Stil.

31./1975

BOHEMIAN RHAPSODY

Die Nummer-1-Single wurde von Freddie Mercury für das Album „A Night At The Opera" geschrieben. Produziert wurde der Track von Roy Thomas Baker und sowohl der Song als auch das Album erreichten Platz 1 in den britischen Charts. Für 9 Wochen verblieb die Single auf dieser Position. Nach dem Tod von Freddie Mercury im Jahr 1991 wurde der Song in Zusammenhang mit der „These Are The Days Of Our Lives"-Single neu herausgebracht. Damit wurde der Song zum zweiten Mal eine Nummer-1-Single, die sich über Weihnachten auf dieser Position hielt. Der Komiker Mike Myers parodierte den Hit im Film „Waynes World", wodurch die Single in den USA nochmals ausgekoppelt wurde und auf Platz 2 der Billboard Charts 1992 kletterte.

Das Musikvideo war das erste weltweit, das als ein solches bezeichnet werden konnte. Hintergrund war, dass es für die Band keine Möglichkeit gab, bei „Top Of The Pops" aufzutreten. Gedreht wurde das Video in den Londoner Elstree Studios von Bruce Gowers binnen zwei Tagen, wobei es eine Summe von knapp 4.000 Pfund verschlang. Für das Video zeigte sich die Band wieder in der typischen Rauten-Pose, die bereits das Cover für das im Jahr 1974 erschienene „Queen II" zierte. Durch Vervielfältigungen, Live- und Studio-Szenen, Effekte usw. erlangte das Video internationale Bedeutung und öffnete die Tür für weitere berühmte Musikvideos.

November

04./1985

ONE VISION

Nach „Stone Cold Crazy" vom Album „Sheer Heart Attack" 1974 schrieb die Band erstmals eine gemeinsame A-Single. Produziert wurde der in den britischen Charts auf Platz 7 kletternde Song von Queen und Reinhold Mack. Er wurde als erster Track vom zukünftigen „A Kind Of Magic"-Album veröffentlicht, das zu dem Zeitpunkt allerdings noch in den Kinderschuhen steckte.

Das Video war das erste, dass die „Torpedo Twins" Dolezal und Rossacher mit einem Making-Off filmten. Zu sehen ist die Band bei den Arbeiten am Song in den Münchner Musicland Studios. Zwischendurch werden Szenen des Auftritts beim „Rock In Rio"-Festival gezeigt. Queen spielte dort im Januar 1985.

12./1976

SOMEBODY TO LOVE

Der wunderschöne Gospel-Song wurde natürlich von Freddie Mercury für das Album „A Day At The Races" geschrieben. Produziert wurde er von Queen und erreichte

Platz 2 in den britischen Charts und nochmals Platz 1 im Jahr 1993, als George Michael den Track mit den verbliebenen Queen-Mitglieder und dem Londoner Community Gospel Chor beim „Freddie Mercury Tribute"-Konzert sang.

Freddie Mercury orientierte sich bei diesem Song an der Gospel-Sängerin Aretha Franklin. Sie beeindruckte ihn und Mercury arbeitete mit den Stimmen von May und Taylor einen perfekten Chor heraus. Der Song wurde bis zur „Hot-Space"-Tour 1982 live performt. Hierbei spielte Taylor den 6/8-Takt wesentlich härter und verlieh der Single mit Mays Solo eine rockigere Seite.

Das Video wurde von Bruce Gowers gefilmt und zeigt die Band in den Wessex Studios, während andere Ausschnitte aus dem Live-Konzert vom Serpentine See im Hyde Park am 18. September 1976 übernommen wurden. Genauso einzigartig wie der Track ist auch das Single-Cover. Die vier Bandmitglieder wurden als Skizzen mit vergrößerten Köpfen dargestellt. Unter ihnen sind ihre jeweiligen Instrumente auf minimalistische Weise dargestellt. Das Besondere an diesem Cover ist, dass der Name Queen nicht auftaucht. Lediglich der Single-Name erscheint über den vier Köpfen.

18./1996

YOU DON'T FOOL ME

Der Song wurde von Queen nach der „Innuendo"-Session im Jahr 1991 geschrieben und von der Band mit David Richards produziert. Der groovige Song erinnert stark an die „Hot Space"-Zeit von 1982, als Queen einen neuen musikalischen Weg einschlug. Die Single erreichte als Remix-Version Platz 17 in den UK-Charts.

Das Single-Cover zeigt Fotos aus dem Inlay des Albums. Zu sehen sind die drei Musiker Roger Taylor, Brian May und John Deacon, die jeweils einzeln mit Freddie Mercury abgebildet sind.

Im Musikvideo ist ein junger Mann zu sehen, der um seine Freundin kämpft. Liebe, Frust und Verzweiflung sind die entscheidenden Themen des Songs, die im Video ebenfalls auftauchen.

24./1980

FLASH

Der Soundtrack wurde von Brian May für das Album „Flash Gordon" von 1980 geschrieben und mit Reinhold Mack produziert. Das Single-Cover zeigt lediglich eine blaue Fläche, worüber in weißen Lettern der Name der Band und an der unteren rechten Ecke in rot-weißen Buchstaben der Name „FLASH" steht. Die Single war die einzige, die von dem Soundtrack-Album ausgekoppelt wurde.

Queen nahm das Video zu diesem Track mit Regisseur Mike Hodges in den Anvil Studios auf. Komplettiert wird das Video von Einstellungen aus dem gleichnamigen Film.

26./1984

THANK GOD IT'S CHRISTMAS

Die einzige Non-Album-Single wurde von Roger Taylor und Brian May im Jahr 1984 kurz nach dem Erscheinen des „The Works"-Albums geschrieben. Produziert wurde sie von der Band und Reinhold Mack, erreichte jedoch lediglich Platz 21 in den britischen Charts, obwohl es sich dort sämtliche Wochen bis Anfang 1985 hielt. Die Idee eines Weihnachtssongs kam Taylor im Sommer 1984. Ein wesentlicher Grund, weshalb der Song nicht erfolgreicher abschnitt, lag darin, dass im selben Jahr das Projekt Band Aid mit dem Track „Do They Know It's Christmas" und Wham mit „Last Christmas" zwei legendäre Weihnachtsklassiker schufen.

Hinzu kam, dass die Band kein Musikvideo produzierte. Erst im Jahr 2019 entstand durch Justin Moon und Drew Glason ein solches, das eine animierte Winterszenerie zeigt.

Das Single-Cover zeigt die vier Bandmitglieder während einer Live-Show, wobei jedes Mitglied ein einzelnes Bild hat.

27./1989

THE MIRACLE

Der Titel-Track des gleichnamigen Albums wurde ursprünglich von Freddie Mercury geschrieben, jedoch unter dem Namen „Queen" veröffentlicht. Produziert wurde der

Song von Queen und David Richards und als fünfte und letzte Single des Albums ausgekoppelt. Allerdings erreichte die balladenähnliche Single nur Platz 21 in den britischen Charts, während sie in anderen europäischen Staaten in den Top 40 zu finden war. Bemerkenswerterweise erschein die Single am Geburtstag von Jimmi Hendrix, der im Song erwähnt wird und ein Idol von Freddie Mercury war.

Das Single-Cover zeigt das Album-Cover als Fotonegativ, wobei der Hintergrund von einem leuchtenden Gelb in ein Tiefrot bis Schwarz übergeht.

Das von den „Torpedo Twins" produzierte Video zeigt vier Kinder, die die Band im Dress der verschiedenen Jahre coverten. Der Darsteller von Freddie Mercury wechselt dabei zwischen den Jahren 1975 bis 1986, während die anderen das Set der „Magic"-Tour wiedergeben. Erst am Ende des Videos kommen die Mitglieder der Band und spielen zusammen mit den Kindern wie bei einem Live-Auftritt. Allerdings trägt Mercury anstatt eines Schnauzers einen Vollbart.

Dezember

09./1991

BOHEMIAN RHAPSODY/THESE ARE THE DAYS OF OUR LIVES

Da zu „Bohemian Rhapsody" beim ersten Erscheinungsdatum am 31. Oktober 1975 bereits alles gesagt wurde, ist hier nur die „andere" A-Seite relevant.

Die Single wurde im Original von Roger Taylor für das Album „Innuendo" geschrieben, jedoch unter dem Namen „Queen" veröffentlicht. Produziert wurde der Track von Queen und David Richards und erreichte in Verbindung mit „Bohemian Rhapsody" Platz 1 in den britischen Charts. Die Auskopplung hat Freddie Mercury nicht mehr erlebt. Er starb bereits im November 1991, war jedoch im Mai 1991 bereit, ein letztes Video zu drehen. Regie führten auch hier Dolezal und Rossacher, die das Video zunächst in Farbe aufnahmen. Doch angesichts des schlechten Gesundheitszustandes Mercurys wurde das Video in schwarz-weiß produziert. Da das Wort „Innuendo" auf Deutsch „versteckte Andeutung" bedeutet, ließ es sich Mercury nicht nehmen, nochmals darauf Bezug zu nehmen. Einerseits machte er beim Ende des Videos seine typische Geste mit den Armen, die er auf den Live-Shows bis 1986 machte. Andererseits zog er für das Video eine Katzen-Weste an, auf der all seine Lieblingskatzen zu sehen sind. Dieses Motiv wurde auch für die Innenillustrationen des Albums verarbeitet sowie lyrisch im Song „Delilah", der ebenfalls auf dem Album vertreten ist.

Die anderen Bandmitglieder waren ebenso vornehm gekleidet. Brian May war zum Drehzeitpunkt auf Promo-Tour in den USA und wurde nachträglich hineingearbeitet. Die Fotos, die am Drehort von den einzelnen Mitgliedern aufgenommen wurden, verwendete die Band für ihr „Greatest Hits II" -Album, das im Oktober 1991 erschien und alle Hits von 1982 bis 1991 beinhaltet. Das Cover des Albums wurde auch für jenes Single-Cover verwendet.

11./1995

A WINTER'S TALE

Der Song wurde im Winter 1990 von Freddie Mercury geschrieben, gelangte jedoch nicht mehr auf das „Innuendo"-Album, sondern wurde für das posthum veröffentlichte

Album „Made In Heaven" verwendet. Mercury schrieb den Track mit Aussicht auf den Genfer See. Dieses Gefühl wird auch in der musikalischen Umsetzung deutlich. Sehnsucht, Entspannung und Genuss sind hier die wesentlichen Elemente, die auch in das Musikvideo verpackt wurden. Zu sehen sind hier verschiedene Einstellungen von Montreux und die originalen Lyrics, die mittels Spezialeffekten durch eine unsichtbare Hand geschrieben werden. Produziert wurde der auf Platz 6 der britischen Charts gekletterte Song von Queen mit David Richards.

Das Single-Cover zeigt das Entenhaus in Montreux, das Freddie Mercury während seiner Aufenthalte oft nutzte. Roger Taylor benannte es in „Duckingham Place" um. Darüber wurden die originalen Lyrics in der Handschrift Mercurys gelegt, sodass der Effekt aus dem Video auch hier deutlich wird.

Danksagung

Zunächst möchte ich meiner Mutter danken, ohne die ich die Band nie in einem derartigen Umfang kennengelernt hätte. Ihr ist dieses Büchlein gewidmet. Natürlich gebührt auch dem Rest meiner Familie ein Dankeswort, denn sie waren die Leidtragenden, denen ich bereits in Kindertagen mit den Liedern der Band auf die Nerven ging

Zu guter Letzt geht ein Gruß an diejenigen, die mir sagten, ich solle aufhören, Queen-Lieder zu singen. Insbesondere betrifft das sämtliche meiner früheren Klassenkameraden, deren Rap-Musik mir ebenfalls nie gefiel. Der Anstand bewahrte mich jedoch davor, tägliche Beschwerden auszusprechen. Um es mit den Worten von Freddie zu sagen: Darlings, fuck off!

MIX
Papier aus verantwortungsvollen Quellen
Paper from responsible sources
FSC® C105338